Pedro Calderón de la Barca

Nuevo hospicio para pobres

Barcelona **2024**
Linkgua-ediciones.com

Créditos

Título original: Nuevo hospicio para pobres.

© 2024, Red ediciones S.L.

e-mail: info@Linkgua-ediciones.com

Diseño de cubierta: Michel Mallard.

ISBN tapa dura: 978-84-1126-080-0.
ISBN rústica: 978-84-96290-54-9.
ISBN ebook: 978-84-9953-362-9

Cualquier forma de reproducción, distribución, comunicación pública o transformación de esta obra solo puede ser realizada con la autorización de sus titulares, salvo excepción prevista por la ley. Diríjase a CEDRO (Centro Español de Derechos Reprográficos, www.cedro.org) si necesita fotocopiar, escanear o hacer copias digitales de algún fragmento de esta obra.

Sumario

Créditos _____ 4

Brevísima presentación _____ 7
   La vida _____ 7

Personajes _____ 8

Acto único _____ 9

Libros a la carta _____ 93

Brevísima presentación

La vida
Pedro Calderón de la Barca (Madrid, 1600-Madrid, 1681). España.
Su padre era noble y escribano en el consejo de hacienda del rey. Se educó en el colegio imperial de los jesuitas y más tarde entró en las universidades de Alcalá y Salamanca, aunque no se sabe si llegó a graduarse.
Tuvo una juventud turbulenta. Incluso se le acusa de la muerte de algunos de sus enemigos. En 1621 se negó a ser sacerdote, y poco después, en 1623, empezó a escribir y estrenar obras de teatro. Escribió más de ciento veinte, otra docena larga en colaboración y alrededor de setenta autos sacramentales. Sus primeros estrenos fueron en corrales.
Lope de Vega elogió sus obras, pero en 1629 dejaron de ser amigos tras un extraño incidente: un hermano de Calderón fue agredido y, éste al perseguir al atacante, entró en un convento donde vivía como monja la hija de Lope. Nadie sabe qué pasó.
Entre 1635 y 1637, Calderón de la Barca fue nombrado caballero de la Orden de Santiago. Por entonces publicó veinticuatro comedias en dos volúmenes y La vida es sueño (1636), su obra más célebre. En la década siguiente vivió en Cataluña y, entre 1640 y 1642, combatió con las tropas castellanas. Sin embargo, su salud se quebrantó y abandonó la vida militar.
Entre 1647 y 1649 la muerte de la reina y después la del príncipe heredero provocaron el cierre de los teatros, por lo que Calderón tuvo que limitarse a escribir autos sacramentales.
Calderón murió mientras trabajaba en una comedia dedicada a la reina María Luisa, mujer de Carlos II el Hechizado. Su hermano José, hombre pendenciero, fue uno de sus editores más fieles.

Nuevo hospicio para pobres es uno de los autos sacramentales más célebres de Calderón de la Barca. La obra tuvo cierta relevancia en América y fue representada en Perú en 1682.

Personajes

El Apetito, de ciego
El Ateísmo, de pieles
El Hebraísmo, de judío
El príncipe, galán
El rey, viejo venerable
La Apostasía, de soldado
La Avaricia, con barba
La Caridad
La Esperanza
La Fe
La Fortaleza, de ángel
La Idolatría, de indio
La Lascivia, de mendigo
La Misericordia
La Pereza, de leproso
La Sabiduría
La Sulamitis
Músicos

Acto único

(Sale el Rey, viejo venerable.)

Rey   ¡Oh, tú, divina mente,
                que en campos del oriente sin oriente,
                desde el siglo primero sin primero,
                hasta el postrero siglo sin postrero,
                a no dejar de ser la que ya fuiste,   5
                del labio del Altísimo naciste
                primogénita suya,
                tú, que desde la eterna infancia tuya
                cielos habitas, siendo si a ellos subes,
                tu trono las colunas de las nubes,   10
                desde donde circundas
                el orbe a giros, desde donde inundas
                a giros el abismo,
                poniendo a un tiempo mismo
                en varios horizontes   15
                ley a los mares, límite a los montes,
                tú, en fin, que sin principio y fin criada,
                como el cedro en el Líbano exaltada,
                como en Cades la palma, la especiosa
                oliva en valle, en Jericó la rosa   20
                y el plátano en la orilla
                de las aguas, fragrante maravilla
                de vid vallada entre diversas flores,
                diste la suavidad de los olores
                distilando en aromas   25
                al cinamomo y bálsamo las gomas,
                que en místico atributo
                de honestidad y honor rinden el fruto
                por quien el sabio llama
                al buen olor perfume de la fama,   30

	atiende a la voz mía	
	antes que diga, oh tú, Sabiduría	
	de Dios, pues ya para saber quién seas	
	tus renombres lo han dicho.	
Sabiduría	Dentro. Porque veas	
	que el que mi auxilio invoca	35
	la línea apenas deste alcázar toca	
	cuando su voz se escucha: abrid las puertas.	

(Sale la Fe con una cruz, la Esperanza con una áncora, la Caridad con un ramo de espigas, la Misericordia con otro de oliva y detrás la Sabiduría con corona y cetro.)

Fe	Ya al nuevo Sol que en ti amanece abiertas	
	están, pues te hacen salva	
	segunda vez los músicos del alba.	40
Esperanza (Canta.)	Díganlo en sus verdores	
	los dulces sustenidos de las flores.	
Caridad (Canta.)	En acentos suaves	
	lo digan los trinados de las aves.	
Misericordia (Canta.)	En sus claras corrientes	45
	los sonoros pasajes de las fuentes.	
Fe (Canta.)	Y en sus cóncavos huecos	
	las cláusulas finales de los ecos.	
Las cuatro (Cantan.)	Juntando sus primores	
	ecos, cristales, pájaros y flores.	50
Rey	Bien dice superior naturaleza,	

	oída la voz y vista la belleza;	
	a tanta luz mi turbación es mucha.	
Sabiduría	Dime ¿a qué fin me has invocado?	
Rey (Escucha.)	Yo soy (que aunque tú lo sabes	55
	hay tan sagradas materias	
	que el saberlas explicar	
	es un segundo saberlas,	
	y más cuando al que las sabe	
	no es el oírlas molestia	60
	por la caridad de que	
	quien no las sabe las sepa)	
	aquel rey de quien Mateo	
	y Lucas dijeron que era	
	(bien que con señas distintas	65
	mas no con contrarias señas)	
	el que pacífico un tiempo	
	sobre la faz de la tierra	
	reinaba en paz y justicia,	
	con que citada la letra	70
	entre ahora la alegoría,	
	pero entre con advertencia	
	de que uno es el que es y otro	
	es el que le representa;	
	y así a dos luces, pues basta	75
	que en algo se le parezca,	
	es fuerza dejarlo a que	
	quien lo entendiere lo entienda.	
	Un hijo tengo, tan hijo	
	mío en todo que la idea	80
	de mi cariño sin duda	
	continuamente le engendra.	
	Tanto en él me complací	

y él en mí, que la unión nuestra
produce un amor de entrambos   85
que nos hace de manera
tan uno a los tres, que somos
en la igualdad de la ciencia,
del poder y del amor
tres personas y una esencia,   90
propiedades que me mueven
a que de nuestra grandeza
participe honores cuanto
en esta inferior esfera
el Sol ilumina a rayos   95
y el mar a piélagos cerca.
Determino darle estado
y para que resplandezca
en la elección de la esposa
más mi amorosa clemencia   100
ha de ser la Sunamitis,
que aunque en la versión hebrea
se interpreta «la que duerme»,
también mudada una letra
que por Sunamitis diga   105
Sulamitis, se interpreta
«la perfecta», conque a un tiempo
conviene en entrambas señas
en naturaleza humana,
pues en achaques envuelta   110
yace bien como dormida,
que es no estar viva ni muerta,
pues muerta para la gracia
vive capaz de tenerla
el día que con mi hijo   115
se despose, de manera
que de sus joyas dotada

vendrá a quedar tan perfecta
que a las dos luces que dije
la naturaleza y ella 120
no habrá quien dude que son
por hoy una cosa mesma.
Para la celebridad
desta real boda quisiera
de mi poder ostentando 125
la grande magnificencia
hacer partícipe a todo
el mundo y que en él no hubiera
desde la zona que abrasa
hasta el trópico que yela 130
término en que no sonasen
de mi majestad las nuevas.
Un espléndido banquete
a este efecto, en una cena
solicito hacer a cuantos 135
de mí convidados vengan
sin excepción de personas,
pues antes las más ajenas
y más remotas serán
de mi mayor complacencia, 140
como vengan para que
sentarse con mi hijo puedan
con las túnicas nupciales
vestidos de gala y fiesta,
y así a valerme de ti 145
te invoco para que seas
(pues texto habrá que lo diga)
tú la que pongas las mesas,
mezcles el vino y inmoles
las víctimas para ellas 150
enviando a tus ancilas,

divinas virtudes bellas
que te asisten, a que hagan
(pues no repugna el que sea
tu familia mi familia) 155
con sus dulces voces tiernas
público el banquete a cuantos
en sus ámbitos contenga
hoy el orbe; pues es cierto
que el congregar sus diversas 160
gentes es propia acción tuya,
pues entre las excelencias
que más te adornan y ilustran
dijiste tú de ti mesma
ser tus delicias, tus juegos, 165
tus júbilos y tus fiestas
el conversar con los hijos
de los hombres. Y porque esta
congregación tras sí traiga
las repúblicas enteras, 170
siendo los reyes los que hacen
al pueblo las consecuencias,
conviden reyes, monarcas,
príncipes y jueces, tenga
este cumplimiento más 175
tu gran ser, pues cosa es cierta
que como súbditos tuyos
unos y otros te obedezcan,
pues por ti las leyes juzgan
y por ti los reyes reinan. 180

Sabiduría   Si es asentado principio
en todas divinas letras
(de parábolas lo diga
la sacra página llena)

que lo invisible no es 185
posible que se comprehenda
y solo para rastrearlo
da a lo visible licencia
de que en ejemplos visibles
lo no visible se entienda, 190
y es este hoy tu asumpto ¿cómo
puedo excusarme a que sea
de mí admitido, y más cuando
es recebida sentencia
que el que me busque me halle, 195
que al que me pida conceda
y que mis puertas le abra
al que llamare a mis puertas?
Y así en fe de que tú fiel
me buscas, llamas y ruegas 200
y de que yo te respondo
prompta, liberal y atenta,
las cuatro partes del mundo
oirán en sus cuatro esferas
en voz de cuatro virtudes 205
las felicísimas nuevas
de que tu hijo se humana
a admitir en sí a la bella
Sulamitis por esposa,
y porque las más adversas 210
gentes viendo en tanto honor
su misma naturaleza
a gozarse en su ventura,
como tu dijiste, vengan
a tu boda y tu convite, 215
las nupciales ropas puestas.
La Fe, primer fundamento
de todo, irá a la desierta

Libia del África donde
aún más fiera que sus fieras, 220
aún más que sus brutos bruto,
el bárbaro Ateísmo niega
haber más causa de causas
que el acaso, que halló hechas
las dos fábricas hermosas 225
de los cielos y la tierra
con gentes, aves y plantas,
flores, Sol, Luna y estrellas,
que es justo que al que de Dios
el primer principio yerra 230
vaya la Fe que no tiene
a efecto de que la tenga.
A la América, que hoy yace
remotamente encubierta
hasta venideros siglos, 235
donde torpemente ciega
domina la Idolatría,
tanto al Ateísmo opuesta,
que cuando ignora él un dios
adora infinitos ella, 240
adelantando aquel paso
que hay de que uno nada crea
y otro más que debe, puesto
que ya a lo menos confiesa
en su falsa adoración 245
que hay dioses de quien dependa,
la Caridad irá, a fin
de que su amor, su clemencia,
arguyéndole en la falsa,
le instruya en la verdadera, 250
pues es de la Caridad
hacer que el que ignora aprenda.

Al Asia en que el Hebraísmo
sus repúblicas gobierna,
y adelantando otro paso   255
confiesa, adora y venera
solo un verdadero dios
cuya suma omnipotencia,
criador, rey, señor y dueño,
venera, adora y confiesa,   260
cuyo hijo prometido
en la ley de los profetas
espera que ha de venir
y desconoce al que espera,
pues que le niega humanado,   265
irá la Esperanza mesma
al desengaño de que
ya no hay para qué la tenga.
A la Europa, no en común,
porque la Europa conserva   270
católicos reyes ya
convidados, sino a aquellas
provincias del norte a quien
aunque a la verdad se acercan
adelantando otro paso,   275
con falsos dogmas infesta
la traidora Apostasía,
forajida de la Iglesia,
pues creyéndole humanado
sacramentado le niega,   280
irá la Misericordia,
piadosa deidad, que ruega
con la paz a quien la culpa
detestare con la enmienda.
Conque en tanto que las cuatro   285
generosamente vuelan

con las alas de las plumas
de aquella águila suprema
que hito a hito y rayo a rayo
se examina y se renueva, 290
bebiendo al Sol de justicia
el rico Ofir de sus ciencias,
las mesas pondré y el vino
mezclaré, uniendo en su mezcla
el mosto de aquel racimo 295
que dio en primicias la tierra
de promisión a Caleb,
con el que puso en su ofrenda
Melchisedech a Abraham,
y para mayores señas 300
deste místico sentido
el sacro pan que presenta
a la hambre de David,
de Aquimelech la clemencia,
mezclaré con el que en campos 305
de Belén la espigadera
Ruth amasó en sus espigas,
y para que a todo sepan
serán las demás viandas
del blanco maná compuestas 310
que dieron las nubes cuando
cuajados montes y selvas
fueron mantel, y manjar
dulce grano en nieve tersa,
y, en fin, porque satisfechos 315
todos a su patria vuelvan
será el cordero legal
viático que les dé fuerzas
para el último camino.
Y pues ya a mi cargo quedan 320

	mesas, pan, vino y cordero	
	y a de mis ancilas bellas	
	llamar a los convidados,	
	parte tú a que se prevengan	
	las vistas para la esposa,	325
	porque con tus dones pueda,	
	pues naturaleza humana	
	Sulamitis se interpreta,	
	salir sin temor a vistas	
	la humana naturaleza.	330
Rey	No en vano, sacra deidad,	
	consultó mi providencia	
	estas bodas con tu amor,	
	pues ya concurren en ellas	
	con un mismo acuerdo en mí,	335
	el poder que las celebra,	
	la obra en ti que las dispone	
	y en mi hijo la obediencia.	
	Y así a anunciar la que halló	
	gracia en mis ojos, la nueva	340
	llevará un valido mío	
	cuyo nombre es Fortaleza,	
	para que no temerosa	
	pase de mísera a reina.	

(Vase.)

Fe	También no en vano en nosotras	345
	concurre a esta unión, atentas,	
	el honor de que ganemos	
	dándole la norabuena	
	las albricias con el mundo.	

Esperanza	Estancia no habrá en su esfera en que tan altas noticias no se oigan.	350
Misericordia	Ni gente en ella que alegar pueda ignorancia.	
Caridad	¿Qué mucho si es tu obediencia nuestro mayor lauro?	
Sabiduría	Pues porque el tiempo no se pierda partid mientras yo prevengo el maná para la mesa, el racimo para el vino, la espiga para la oblea, para el viático el cordero y el ara para la ofrenda.	355 360

(Vase.)

Esperanza	Ya que es fuerza dividirnos y que a la agilidad nuestra no se da lugar ni tiempo ni distancia que no venza, empiece la invocación desde aquí para que atiendan los climas adonde vamos.	365

(Cantado cada una en su carro.)

Las tres	¿Cómo?	
Esperanza	De aquesta manera.	370

20

	¡Ah de la abundante Asia!	
Fe	¡Ah del África desierta!	
Caridad	¡Ah de la América ignota!	
Misericordia	¡Ah de la Europa opulenta!	
Esperanza	Hebreo que la dominas...	375
Caridad	Idólatra que la reinas...	
Fe	Ateísmo que la vicias...	
Misericordia	Apóstata que la infestas...	
Las cuatro	¡Albricias, albricias!	

(Dentro Hebraísmo, Ateísmo, Idolatría y Apostasía, cada uno en su carro.)

Los cuatro	¿De qué alegres nuevas?	380
Los cuatro	De que ya la esclava se corona reina.	
Esperanza (Canta.)	Albricias, albricias, que a sus bodas regias previene el rey una espléndida cena.	385
Caridad (Canta.)	Albricias, albricias, que han de entrar en ella cuantos con nupciales vestiduras vengan.	390

Misericordia (Canta.)	Albricias, albricias,
	que no habrá en su mesa
	manjar que divino
	misterio no tenga.

Fe	Canta. Albricias, albricias,	395
	y pues su grandeza
	a todos convida
	de gala y de fiesta...

Los cuatro (Cantan.)	Alégrese toda
	la naturaleza	400
	sonando al compás
	de las voces nuestras,
	el ave en la rama,
	el bruto en la peña,
	el aire en el monte,	405
	el cristal en la selva.

| Los cuatro | ¿«Albricias, albricias»? |
| | ¿De qué alegres nuevas? |

| Los cuatro | De que ya la esclava |
| | se corona reina. | 410 |

(Con esta repetición se entran las cuatro y salen, cada uno de su carro, el Ateísmo vestido de pieles, el Hebraísmo de judío, la Idolatría de indio y la Apostasía de soldado, y todos como oyendo a lo lejos la música.)

| Los cuatro | ¿«De que ya la esclava |
| | se corona reina»? |

| Hebraísmo | ¿Qué reina o qué esclava |

	puede ser aquella	
	por quien estas voces	415
	publican que excelsa...	
(Dentro.)		
Y música	...previene el rey una	
	espléndida cena?	
Idolatría	¿A qué efecto el eco	
	convocar intenta...	420
Él y música	...cuantos con nupciales	
	vestiduras vengan?	
Apostasía	¿A qué fin el aire	
	puede ser que ofrezca...	
Él y música	...manjar que divino	425
	misterio no tenga?	
Ateísmo	Qué poco me aflige	
	oír que voz nueva...	
Él y música	a todos convide	
	de gala y de fiesta.	430
Los cuatro	Que nada entendemos	
	por más que resuenan...	
Todos y música	...el ave en la rama,	
	el bruto en la peña,	
	el eco en el monte,	435
	el cristal en la selva.	

Apostasía	Hebraísmo.
Hebraísmo	¿Quién me llama?

Apostasía
Quien de ti saber desea,
puesto que la fantasía
de retóricas licencias   440
da voz a lo inanimado,
en cuya prosopopeya
las más lejanas distancias
la imaginación abrevia,
¿qué música es la que en todo   445
el ámbito de la tierra
hoy se ha escuchado?

Hebraísmo
Si hubiesen
cumplido cómputo y cuenta
las semanas de Daniel,
tan universal materia   450
que sus albricias se extienden
a todo el orbe dijera
ser armoniosa salva
que hace el cielo y la tierra
al Mesías que yo aguardo.   455

Apostasía
Para mí esa no es respuesta
cuando yo sé que ha venido,
bien que en parte me hacen fuerza
algunas proposiciones
que no es posible que entienda   460
ni alcance mi ingenio.

Idolatría
No

                    fuera de ambos conveniencia,
                    ya que no bien avenidos
                    os tienen las leyes vuestras,
                    reduciros a la mía   465
                    creyendo que de su esfera
                    alguna deidad de tantas
                    como yo adoro descienda
                    a solazarse en los Campos
                    Elíseos, cuyas amenas   470
                    márgenes son sus delicias.

Los dos   ¡Qué proposición tan fuera
                    de la natural razón!

Ateísmo   No están más dentro las vuestras;
                    ¿qué dios, Hebraísmo, puede   475
                    ser el que ha tanto que esperas?
                    ¿Qué dios puede, Idolatría,
                    ser el que diviso tenga
                    su imperio con otros dioses?
                    ¿Ni qué dios al que tú niegas,   480
                    fugitiva Apostasía,
                    de su gremio la obediencia
                    que ya le juraste? Y siendo
                    así, que en uno la espera,
                    que la multiplicidad   485
                    en otro, en otro las ciegas
                    cuestiones de sus misterios
                    os traen discordes ¿no fuera
                    mejor por el real camino
                    pisar la anchurosa senda   490
                    no creyendo más dios que
                    la natural providencia
                    de las cosas que se hicieron

	ellas solas por sí mesmas?	
Hebraísmo	Por sí solas ¿cómo pudo	495
	aquella prima materia,	
	a quien los profetas llaman	
	nada y caos los poetas,	
	disponerse por sí sola?	
Apostasía	Unas obras tan supremas	500
	sin criador ¿cómo podrían	
	por sí hacerse?	
Idolatría	Y si no hubiera	
	dioses que las asistiesen,	
	criadas ya, ¿cómo pudieran	
	conservarse por sí solas?	505
Ateísmo	Yo no entiendo de materias	
	primas, ni segundas; solo	
	sé, sin fatigar la idea	
	ni atormentar el discurso,	
	que esas obras por inmensas	510
	y prodigiosas que son	
	ahí nos las hallamos hechas	
	y ahí habemos de dejarlas	
	habiendo gozado dellas,	
	siendo mi vientre mi dios,	515
	lo que coma y lo que beba	
	dure o no dure la vida;	
	pues no hay más gloria ni pena	
	que nacer y morir.	
Hebraísmo	¡Calla	
	loco!	

Apostasía	¡Suspende la lengua, bárbaro!	520
Idolatría	Detén la voz hombre indigno de que seas racional.	
Hebraísmo	No es racional hombre el que el principio niega a un dios, causa de las causas, sino otra especie diversa de insensatos racionales, por quien dijo David que eran los que allá en su corazón con insipiente torpeza dijeron que no había Dios.	525

530 |
| Apostasía | ¿Y qué mayor evidencia de que le hay que el haber quien lo que dijiste supiera tú a tu corazón? Y puesto que al que los principios yerra no se le debe argüir dejémosle entre las breñas de su desierta ignorancia para fiera de sus fieras. | 535

540 |
Idolatría	Para bruto de sus brutos.	
Hebraísmo	Para bestia de sus bestias.	
Apostasía	Y cobrando cada cual de nosotros la vereda	

	de su patria a inquirir vaya	545
	lo que se ha inferido en ella	
	acerca de aquellas voces	
	y a participarlo venga	
	a los demás.	
Hebraísmo	Dices bien,	
	pues de nuestra conferencia	550
	sacaremos qué debemos	
	hacer cuando a decir vuelvan...	
Todos y música	Alégrese toda	
	la naturaleza	
	siguiendo el compás	555
	de las voces nuestras,	
	el ave en la rama,	
	el bruto en la peña,	
	el aire en el monte,	
	el cristal en la selva.	560

(Con esta repetición se van los tres.)

Ateísmo	Qué contentos van de ver	
	cuán baldonado me dejan,	
	como si a mí se me diese	
	nada de honores ni afrentas,	
	dos inútiles alhajas	565
	tan neciamente molestas	
	que no tenidas no faltan	
	y tenidas no aprovechan.	
	Viva yo y viva a mi gusto	
	sin que nada me entristezca	570
	ni me alboroce: no mal	
	lo diga la poca pena	

       que me da el ir a saber
       qué nuevas aves son estas
       que a mí me cansa el oírlas   575
       cuando ellos mueren por verlas.
       O hablan conmigo o no hablan;
       si hablan a buscarme vengan
       y si no ¿para qué tengo
       de irme yo a cansar tras ellas?   580
       Y así gozando el solaz
       de mi poltrona pereza
       esperaré qué me digan
       si conmigo hablar intentan.

(Sale la Fe cantando.)

Fe	Ignorante Ateísmo,	585
	que ídolo de ti mismo	
	tu vientre solo adoras,	
	oye la voz de la verdad que ignoras.	
Ateísmo	¿Quién eres, huéspeda extraña	
	destas líbicas riberas,	590
	que hasta hoy en ellas no vi?	
Fe	Canta. No he entrado yo hasta hoy en ella,	
	que al ver cuán perezosa	
	tu ignorancia reposa	
	en su bárbaro olvido	595
	creyendo más al gusto que al oído	
	y que habiendo escuchado	
	mi voz tan sin cuidado	
	yaces hasta esta parte	
	por no buscarme tú vengo a buscarte.	600

Ateísmo	Pues qué quieres y quién eres
	otra vez a dudar vuelva
	y otras mil, ¡oh tú!, que traes
	significándote ciega
	para tiento de tus pasos 605
	el báculo que te adiestra
	y en lo dulce de tu voz,
	lo raro de tu belleza,
	lo no usado de tu traje,
	tanto me admiras y elevas 610
	que si creyera que había
	deidad serlo tú creyera.
Fe	Canta. La Fe, que no conoces,
	soy, y lo que mis voces
	quieren de ti es que vengas 615
	donde las luces de tus nieblas tengas.
	El rey que en cuanto encierra
	en sus orbes la tierra
	manda, impera y domina,
	desposar a su hijo determina 620
	con la rara hermosura
	de Sulamitis pura,
	que a lo que se interpreta
	duerme achacosa a despertar perfecta.
	A esta felice boda 625
	en una cena a toda
	la redondez convida
	del orbe, en cuya espléndida comida
	no hay manjar que no sea
	misterio en que se vea 630
	cuánto tus dichas ama,
	pues a gozarlos con su Fe te llama,
	y si vienes conmigo

creyendo lo que digo,
la gran magnificencia 635
verás de su poder, amor y ciencia.

Ateísmo ¿Qué ciencia, ni qué poder
ni qué amor habrá que pueda
desacomodarme a mí?
¿Yo ir a sentarme a otra mesa? 640
¿Pues qué me falta en la mía?
Y más sobre ser ajena
de rey a quien no conozco,
puesto que en cielo ni en tierra
sé de más rey ni más dios 645
que el que en mi estómago reina.
Decirme que en sus viandas
altos misterios se encierran
no me mueve; que no sé
que haya más misterio en ellas 650
que las que mejor me saben
y las que más me sustentan.
Y porque veas que solo
trato que fértiles crezcan
voy a probar unas yuntas 655
que he comprado porque ofrezcan
cultivadas mis campañas
más abundantes cosechas
para mi regalo. Esto
a ese rey, sea quien sea, 660
de mi parte le dirás
y no esperes más respuesta
de mí ni en esta me arguyas
porque yo no sé más ciencias,
ni más poder, ni amor que 665
vivir sin freno ni rienda

>   hoy para morir mañana,
>   y lo que viniere venga.

(Vase.)

Fe   Canta. ¡Ay de opinión tan ciega
                        que aun los principios a la Fe le niega!   670
                        Representa. Y ya que yo desairada
                        a los ojos del rey vuelva,
                        pues mi vista los espacios
                        más apartados penetra,
                        consuéleme el esperar   675
                        que la Caridad, que llega
                        a hablar con la Idolatría,
                        diciéndole le convenza.

(Salen la Idolatría y la Caridad.)

Caridad   Canta. A las bodas que digo,
                        este gran rey conmigo,   680
                        gentil Idolatría,
                        benignamente a convidarte envía,
                        y no en vano, que siendo
                        su Caridad transciendo
                        por aliviar pesares   685
                        cumbres de montes, páramos de mares.
                        De mi empresa lo diga
                        en una y otra espiga
                        contra común desgracia
                        ser el pan Caridad que da la gracia,   690
                        y así en tu busca vengo
                        adonde te prevengo
                        no faltes a una mesa
                        en que honor, vida y alma se interesa,

	pues está en un bocado	695
	todo el poder cifrado	
	del solo dios que adoro y...	
Idolatría	No prosigas;	
	ni un solo dios en mis imperios digas.	
	Si yo con treinta mil dioses	
	aun no tengo hartos que puedan	700
	acudir a tantas cosas	
	como la humana miseria	
	necesita ¿cómo quieres	
	que imagine ni que crea	
	que a este rey basta un dios que	705
	cuidado de todo tenga?	
	Pero por la urbanidad	
	de ver que de mí se acuerda	
	le dirás que a otra ocasión	
	quizá le veré, que en esta	710
	no puedo; porque ocupado	
	en las víctimas y ofrendas	
	de mis ídolos estoy	
	y no es bien faltar a ellas	
	por ir a su real convite,	715
	por liberal que me ofrezca	
	la Caridad de su pan	
	viandas que no he de creerlas.	

(Vase.)

Caridad	Canta. ¡Ay de opinión tan ciega	
	donde a mover la Caridad no llega!	720
	Representa ¿Tú aquí, Fe?	
Fe	¿Dónde estarás	

                    tú con dolor que no venga
                    yo a acompañarte? Creyendo
                    consolarme en la tristeza
                    de verme del Ateísmo   725
                    despedida, quise cuerda
                    ver en tu triunfo mi alivio;
                    pero en vano, pues no acepta
                    el idólatra tampoco
                    el convite.

Caridad   Mi propuesta   730
                    por ir a los sacrificios
                    de falsos dioses desprecia.

Fe   Pues ya que las dos volvemos
                    con desabridas respuestas
                    veamos si la siempre afable   735
                    Misericordia consuela
                    nuestro llanto reduciendo
                    a la negada obediencia
                    a la Apostasía.

Caridad   Atendamos
                    desde aquí.

(Salen la Apostasía y la Misericordia.)

Apostasía   ¿A qué fin intentas,   740
                    Misericordia, decirme
                    que con Sulamitis bella
                    el príncipe se desposa?
                    ¿Niego yo el lazo de aquesa
                    hipostática unión?

Misericordia	No;	745
	mas sobre eso es bien que atiendas.	
	Canta. Si habiendo tú llegado	
	a creer que humanado	
	con celestial aviso	
	la admite, porque pudo, supo y quiso	750
	ilustrar la bajeza	
	de la naturaleza	
	¿para qué te rehúsas	
	y ir de su boda al real banquete excusas?	
	Y si haber por tu daño	755
	huido de su rebaño	
	es lo que te acobarda,	
	mira que yo te llamo y él te aguarda.	
	No temas su castigo;	
	seguro vas conmigo,	760
	pues para eso, no esquiva,	
	símbolo de la paz es esta oliva.	
	No a la voz tu discordia	
	de su misericordia	
	se niegue, pues indicio	765
	es mi llanto de ser santo el oficio	
	que te llama a una cena	
	de tantas gracias llena.	
	Ven, pues por darte vida	
	con la Misericordia te convida.	770
Apostasía	Yo fuera, Misericordia,	
	contigo si no me hicieran	
	repugnancia los misterios	
	que de sus manjares cuentan.	
	¿Yo he de creer que su vino	775
	y pan, contra lo que vea,	
	contra lo que toque y oiga,	

	lo que guste y lo que huela,	
	no es pan ni vino, sino	
	carne y sangre? ¡Qué propuesta	780
	tan dura!	
Fe	No es, si la Fe	
	aunque despedida venga	
	de otro error, en este se halla	
	obligada a la respuesta.	
Apostasía	¿Qué respuesta?	
Fe	La que dice	785
	que por el oído sea	
	cautivo el entendimiento.	
Apostasía	Pues ¿por qué quieres que tenga	
	cautivo al que nació libre?	
Caridad	Por la Caridad, que en prendas	790
	de su amor fue a prevenir	
	que le pusiese la mesa	
	la Sabiduría.	
Apostasía	¿Y me basta	
	que mezcle las viandas ella	
	para ser carne el pan?	
Caridad	Sí;	795
	que a la Sabiduría eterna	
	que hizo de la nada el todo	
	más fácil le es que hacer pueda	
	de una cosa otra, pues menos	
	es transubstanciar la hecha	800

	que hacerla y transubstanciarla.	
Apostasía	Ni es tiempo ni ocasión ésta para teólogas cuestiones; y así, atajando contiendas, di a ese rey, Misericordia,	805
	por excusado me tenga, que más le sirvo en no ir que en ir, pues fuera, si fuera, a derramar sus solaces más que a creer sus excelencias.	810
(Vase.)		
Misericordia	Canta. ¡Ay de opinión tan ciega que huye a Misericordia que le ruega!	
Caridad	¿En fin, las tres tres ultrajes llevamos de tres opuestas réprobas naciones?	
Fe	Sola una esperanza nos queda a que poder apelar.	815
Las dos	¿Cuál es?	
Fe	La Esperanza mesma.	
Las dos	¿Cómo?	
Fe	Atendiendo las tres (pues aunque a decirlo vuelva, en nosotras no hay distancia)	820

	a lo que el Hebraísmo y ella confieren, pues es de todas el lauro de que una venza.	
Las dos	Dices bien, y así las tres oigamos desde aquí atentas.	825

(Salen la Esperanza y el Hebraísmo.)

Esperanza	Canta. Aquel rey soberano, cuyo hijo es tan humano que amante de la hermosa Sulamitis con ella se desposa, en oblación festiva de que en sí la reciba despertando exaltada de esclava humilde a reina coronada, ha dispuesto un convite tan general que admite a cuantos acrisola de la veste nupcial cándida estola. La gran Sabiduría a ti a este fin me envía por si contigo alcanza más mi voz.	830 835 840
Hebraísmo	¿Pues quién eres?	
Esperanza	La Esperanza.	
Hebraísmo	Dices bien, porque no hay cosa que yo más estime y quiera que la Esperanza en que vivo de que el prometido venga	845

	a visitar a su pueblo
	cumpliéndole la promesa
	que en sombras dio hasta aquí a tantos
	patriarcas y profetas. 850
	Dime pues cuándo será
	el día que las nubes lluevan
	el rocío que cuajó
	la no manchada piel tersa
	de Gedeón; cuándo el día 855
	que abra sus senos la tierra
	y produzga al Salvador;
	cuándo en blanda lluvia envuelta
	neutral sabor de viandas
	cuajará el maná las selvas; 860
	y cuándo el legal cordero
	de la servidumbre nuestra
	celebrará en libertad
	del parasceve la fiesta,
	que pues la Sabiduría 865
	te envía a mí ¿quién duda sepa
	que se me acerca el día, pues
	la Esperanza se me acerca?
Esperanza	Canta. No solo sabe el día
	la alta Sabiduría 870
	que ese candor divino
	vendrá, pero también sabe el que vino.
	Esta áncora lo diga
	que a la humana fatiga
	muestra que, ya en bonanza 875
	el mar, llegó a su puerto la Esperanza,
	y dígalo el banquete
	en que el rey te promete,
	benignamente pío,

	cordero, piel, maná, nube y rocío.	880
	Ven, pues, ven a la mesa	
	en que ya su promesa	
	cumplida está, pues halla	
	posesión la Esperanza y…	
Hebraísmo	Calla, calla,	
	que aunque pudiera argüirte	885
	en los compuestos que yerras	
	no lo he de hacer, sino solo	
	en la sujeta materia	
	de hoy. Siendo tú la Esperanza	
	que yo firmemente puesta	890
	tengo en mis profetas ¿cómo	
	ir contigo me aconsejas	
	a no tenerte a ti allá,	
	pues ya posesión, opuestas	
	razones serán que vaya	895
	contigo a que no te tenga?	
Esperanza	La Esperanza, teologal	
	virtud, aun cumplida queda	
	esperanza, que una cosa	
	es que para el hombre muera	900
	cuando en posesión le pone	
	de alguna dicha que espera,	
	y otra es que deje de ser	
	Esperanza pues le deja	
	cabal la acción en la humana	905
	vida a que espere la eterna.	
	Y así pues siempre Esperanza	
	me has de ver, aunque me veas	
	allá posesión, no en vano	
	vengo a que conmigo vengas.	910

Hebraísmo	No haré tal, que por mejor	
	tengo que para mí seas	
	hoy cierta esperanza aquí	
	que allá posesión incierta.	
	Que si yo no he de creer	915
	ni el misterio de esa cena,	
	ni de esa boda la unión,	
	ni dar lugar a que sientan	
	los romanos que yo he dado	
	a intruso rey obediencia,	920
	mejor será que te quedes	
	tú conmigo, donde vea	
	el mundo que el hebraísmo	
	con la esperanza se queda,	
	y que el no llevar ninguna	925
	es su más cortés respuesta.	
Esperanza	¿Contigo a ser Esperanza	
	vana? Huiré de ti.	
Hebraísmo	Por fuerza	
	te tendré.	

(Huye dél y atraviésase la Fe.)

Fe	No harás.	
Hebraísmo	¿Por qué?	
Fe	Porque estoy yo en su defensa.	930

(Luchan los dos.)

Hebraísmo	Poca defensa es la tuya.	
Fe	Mira que a la Fe atropellas.	
Hebraísmo	Vaya yo tras mi Esperanza y mas que la Fe se pierda.	

(Apártala y atraviésase la Caridad.)

Caridad	Al paso la Caridad también saldrá a defenderla.	935

(Luchan los dos.)

Hebraísmo	Todo soy ira, no hay Caridad que me detenga.	

(Apártala y atraviésase la Misericordia.)

Misericordia	Pues haya Misericordia que tus furores suspenda. Luchan	940

(Apártala y da con la Esperanza.)

Hebraísmo	Quita también.	
Misericordia	Mira que en mí tu perdón arriesgas.	
Hebraísmo	Quede yo con la Esperanza sin que de vista la pierda que el perdón con él vendrá cuando el que yo espero venga ya en mi poder.	945

Esperanza	¡Ay de mí!	
Hebraísmo	Sin que haya Fe que me mueva, Caridad que me obste, ni Misericordia que tema estás; y así bien podéis volver todas, sin que vuelva la Esperanza con vosotras.	950
Fe	Forzoso es volver sin ella el día que sin esperanza vamos de que te arrepientas y forzoso pues en ti convienen las tres respuestas por ti ir diciendo: ¡Ay de opinión tan ciega!	955
Las dos	¡Ay de opinión tan ciega!	960
Fe	Que los principios a la Fe le niega.	

(Vase.)

Caridad   Donde a mover la Caridad no llega.

(Vase.)

Misericordia   Que huye a Misericordia que le ruega.

(Vase.)

(Cantan dentro, midiendo la repetición con la Música, de suerte que acaben todos juntos.)

Hebraísmo	Lloren, y ven tú conmigo.
Esperanza	Cielos, Sol, Luna y estrellas, 965
	aire, agua, tierra, fuego,
	luces, aves, peces, fieras,
	fuentes, flores, troncos, riscos,
	montes, mares, golfos, selvas,
	sedme testigos de que 970
	si la Esperanza se queda
	en poder del Hebraísmo
	es dividida en sí mesma,
	como Esperanza forzada
	y como virtud violenta. 975
Hebraísmo	Ven por más que aquí sus voces
	repitan...
Esperanza	Y yo con ellas...
Música y todos	¡Ay de opinión tan ciega,
	que los principios a la Fe le niega,
	donde a mover la Caridad no llega, 980
	que huye a Misericordia que le ruega!

(Vanse los dos. Las chirimías, y ábrese un carro cuya fachada será una escala que caiga sobre el tablado y vese dentro un trono en cuya eminencia estará sentada Sulamitis como dormida, y en sus gradas el Apetito, de villano ciego; la Lascivia, de pobre mendigo; la Pereza, de leproso llagado y la Codicia, de hidrópico galán. Y adviértase que al respaldo del trono ha de haber compartimiento que sirva de vestuario para entrar y salir estas personas, y una nube en que a su tiempo ha de venir en bofetón un ángel.)

Sulamitis	Qué mal descansa el dolor;
	pero si de ansias cercada

	los ojos no pongo en nada	
	que no me cause temor	985
	¿qué mucho (¡ay de mí!) que incierta	
	del remedio de mi vida,	
	soñando penas dormida	
	halle desdichas despierta?	
	Allí el ciego me lastima,	990
	que a no ver la luz nació;	
	allí el leproso que dio	
	a cuantos le miran grima;	
	allí el mendigo llorando	
	cansancio, hambre y desnudez,	995
	tal vez pidiendo y tal vez	
	pidiendo y importunando;	
	el hidrópico sediento	
	también allí me enternece;	
	todo, en fin, cuanto se ofrece	1000
	a mi vista es sentimiento,	
	llanto, aflicción y tristeza.	
	Alerta, mortal, pues ves	
	cuán pobre familia es	
	la de la naturaleza.	1005
Apetito	Dígalo yo que nací	
	en estrella tan impía	
	que habiendo para otros día	
	solo hay noche para mí	
	siempre apeteciendo ver.	1010
Sulamitis	Consuélete que si vieras	
	más qué apetecer tuvieras.	
Apetito	¿Qué había de apetecer	
	más de lo que ahora apetezco?,	

	pues no viera mi destino	1015
	tanto como yo imagino	
	y dello y del ver carezco;	
	con que es fuerza que privado	
	uno y otro apeteciendo	
	haya de vivir muriendo.	1020

Leproso   Si trocáramos estado
           quizá a ser ciego volvieras
           viendo que es pena mayor
           la de un continuo dolor.

Sulamitis También tú convalecieras   1025
           dél si el remedio buscaras.

Leproso   ¿Cómo, si el dolor que paso
           no me deja dar un paso?

Lascivia   Aunque ambas son penas raras
           más infelice es mi hado.   1030

Apetito   ¿Más que el ciego?

Pereza   ¿Que el leproso?

Lascivia   Sí, que me he visto dichoso
           para verme desdichado.

Avaricia   ¿Qué dicha pudo tener
           para llegarlo a sentir   1035
           quien no llegó a conseguir
           de todo el orbe el poder?
           Rico soy y mi deseo
           sediento me tiene tanto

	que le hace falta a mi llanto	1040
	todo lo que no poseo;	
	quizá con ello aliviara	
	viendo que era hacienda mía	
	la sed de mi hidropesía.	
Sulamitis	Quizá también se aumentara	1045
	más teniendo más tu anhelo,	
	y así consolaos, amigos,	
	que todos somos mendigos	
	de las limosnas del cielo	
	y él se dolerá de mí	1050
	viendo que lo mismo es ver	
	padecer que padecer.	
Apetito	No es consuelo, siendo así	
	que voy siempre apeteciendo	
	cuanto voy imaginando.	1055

(Yéndose.)

Lascivia	Ni para mí, que voy dando
	molestia, pues voy pidiendo.

(Yéndose.)

Pereza	Ni para mí, que no muevo
	hacia mi remedio el paso.

(Yéndose.)

Avaricia	Ni para mí, que me abraso	1060
	más de sed mientras más bebo.	

(Yéndose.)

Apetito	Con que mi ansia...	
Pereza	Mi torpeza...	
Lascivia	Mi desdicha...	
Avaricia	Mi interés...	
Los cuatro	Dirá en continua tristeza cuán pobre familia es la de la naturaleza.	1065

(Vanse.)

Sulamitis	Y aún no es eso en mi piedad lo más que es fuerza que sienta, sino lo que representa una y otra enfermedad cuando en repetida calma pasa la imaginación a que los del cuerpo son también achaques del alma. Desde aquel primer delito de cuyo accidente muero se me semeja el primero en el ciego el Apetito. Deste contagio impedido, paralítico el leproso, me semeja al perezoso en su culpa envejecido. El lascivo en el mendigo que pródigo abandonó	1070 1075 1080

                    su patrimonio y labró   1085
                    de su culpa su castigo.
                    El vicio de la codicia
                    no le aplico, porque ya
                    en el hidrópico está
                    entendida la avaricia.   1090
                    Luego... ¿mas qué intento si es
                    proceder en infinito
                    el dar a cada delito
                    alusión de achaque, pues
                    sacra pluma habrá que diga   1095
                    cuán maligna fiebre son
                    la soberbia, la ambición,
                    la ira y la envidia enemiga
                    de cualquier humano bien?
                    Y pues todo es pensión mía   1100
                    ¿cuándo, Señor, será el día De rodillas
                    que tus auxilios me den
                    méritos que de ti espero?
                    ¿Habrá alivio para mí
                    y para mis pobres?

(La Fortaleza de ángel en la nube.)

Música (Dentro.)   Sí.   1105

Sulamitis   ¿Cuándo?

Fortaleza   Cuando mensajero
                      del rey que en dos mundos reina
                      a quien Fortaleza ha dado
                      nombre, a tus plantas postrado
                      diga: Dios te salve, reina.   1110

Música	Dios te salve, reina.	
Sulamitis	¿Reina yo?	
Fortaleza	Sí; que elegida
del padre eres ¡oh especiosa
Sulamitis! para esposa
del hijo; y pues mi venida
es a anunciar la concordia
que ahuyenta males prolijos,
ven a ser de pobres hijos
madre de misericordia.	1115
Música	Madre de misericordia.	1120
Fortaleza	Socórreles tú, luz pura,
cuando en su solio te veas,
porque en cielo y tierra seas
de todos vida y dulzura.	
Música	Vida y dulzura.	1125
Fortaleza	Pues en misteriosa muestra
de que aun al ángel prefieres,
siendo su esperanza eres
también esperanza nuestra.	
Música	Esperanza nuestra.	1130
Sulamitis	Tu salutación dudando
estoy.	
Fortaleza	¿Qué temes, si están
todos los hijos de Adán
por ti gimiendo y llorando?	

Música	Gimiendo y llorando.	1135
Fortaleza	Diciendo porque te mueva su voz: A ti suspiramos.	
Música	A ti suspiramos.	
Fortaleza	Los que en este valle estamos.	
Música	Los que en este valle estamos.	1140
Fortaleza	Desterrados hijos de Eva.	
Música	Desterrados hijos de Eva.	
Fortaleza	A ampararlos te resuelve pues piden menesterosos: esos misericordiosos...	1145
Música	Esos misericordiosos...	
Fortaleza	...ojos a nosotros vuelve.	
Música	Ojos a nosotros vuelve.	
Fortaleza	Goce enmendado su yerro patrocinios de tu aurora en este destierro ahora y después deste destierro...	1150
Música	Y después deste destierro.	
Fortaleza	...haz que sus penas extrañas	

| | en vez de mortal tributo | 1155 |
| | ofrezcan al cielo el fruto... | |

| Música | El fruto. |

| Fortaleza | ...bendito de tus entrañas. |

| Música | Bendito de tus entrañas. |

Sulamitis	Si liberal y piadoso	1160
	viendo tu rey mi humildad	
	quiere con la majestad	
	de ser todo poderoso	
	hacerme grande, sus dones	
	tanto me enriquecerán	1165
	que beata me dirán	
	todas las generaciones.	
	Y pues tú su Fortaleza	
	te interpretas, soberano	
	paraninfo, en mí no en vano	1170
	inspirada la flaqueza	
	de mi baja humanidad	
	decir podrá sin temor:	
	esclava soy del Señor,	
	cúmplase su voluntad.	1175

| Música y todos | Esclava soy del Señor |
| | cúmplase su voluntad. |

(Desaparece el Ángel y sale el Príncipe de galán.)

Príncipe	Bien mi amorosa pasión	
	estuvo con suspensión	
	a ver que respuesta das,	1180

porque ese mérito más
tenga tu resignación,
y ya, hermosa Sulamitis,
que envuelta en mortales ansias
dormida explicó la noche, 1185
y que una letra mudada
entre celestes anuncios
perfecta te explica el alba,
ven a mis brazos, desciende
del Líbano, y pues las pardas 1190
trémulas sombras pasaron
ya del invierno en que estaba
aterido a tus umbrales,
lleno sobre pobres pajas
el cabello de rocío, 1195
temblando al yelo y la escarcha,
ven donde la primavera
las verdes selvas esmalta
de azucenas y de rosas,
bien que para tu guirnalda 1200
se pierden de color, pues
si a tus labios se comparan,
si a tus mejillas se oponen
matizadamente varias
en la competida mezcla 1205
del ampo a un tiempo y el nácar,
son las unas nieve roja,
las otras púrpura blanca.
Ven, pues, ven que ya las viñas
florecen dando sus ramas 1210
a la elección de tu mano
o a la huella de tu estampa,
ya en la fruta y ya en la flor,
por desvanecer en ambas

	granos de oro, si las tocas,	1215
	si las pisas, esmeraldas.	
	Las aves, flores y fuentes	
	batiendo al aire las alas,	
	moviendo al tronco las hojas,	
	rizando al cristal la plata,	1220
	son acordes instrumentos	
	en que el céfiro y el aura	
	dan a cítaras de pluma	
	cuerdas de oro y trastes de ámbar.	
	¿Qué esperas, pues? De la cumbre	1225
	desciende; la voz te llama	
	de amante esposo, que viendo	
	que de envidia el Sol agravia	
	tu rosada tez, alfombras	
	tejiendo de flores varias,	1230
	de varias hojas doseles	
	para que burles la saña	
	de su ardiente siesta, a sombra	
	del terebinto te aguarda.	
Sulamitis	Que de la cumbre descienda	1235
	al valle, príncipe mandas,	
(Bajando al tablado.)	y siendo yo la que sube	
	y tú, señor, el que bajas	
	no sin misterio parece	
	que son acciones contrarias,	1240
	pues no puede haber esfera	
	más inferior ni más alta	
	que mis brazos para ti	
	ni para mí que tus plantas.	
Príncipe	LLega, ¿qué temes?	

Sulamitis	A tanto	1245
	favor, absorta y turbada,	
	caer temo.	

(Hace que tropieza y él la recibe en los brazos.)

Príncipe	No harás, que yo	
	te tendré antes que tú caigas.	
Sulamitis	Eso es mostrar que del polvo	
	de la tierra me levantas.	1250
Príncipe	No es, que levantarte fuera,	
	Sulamitis soberana,	
	decir que te hallé caída,	
	que aunque es la verdad que estabas	
	envuelta en las propensiones	1255
	de naturaleza humana,	
	el día que para esposa	
	hallaste en mis ojos gracia,	
	hallé yo gracia en que no	
	caída, sino preservada,	1260
	a mí te unieses, porque	
	del polvo de Adán intacta,	
	ya que eres la toda hermosa	
	seas la toda sin mancha.	
Sulamitis	¿Tantos favores, señor,	1265
	con una mísera esclava?	
Príncipe	Quien al soberbio derriba	
	también al humilde ensalza.	
	Ven, pues, que mi padre espera	
	en el soberano alcázar	1270

| | de donde por ti me envía,
            | para que a su vista se hagan
            | las nupciales ceremonias
            | que su providencia sabia
            | previno con una cena   1275
            | de tan sabrosas viandas
            | que han de alimentar no solo
            | las vidas, pero las almas.

Sulamitis   La mía te magnifique,
             señor, por finezas tantas.   1280

Príncipe   Tú las mereces el día
             que un cabello tuyo basta
             para herirme el corazón.

Sulamitis   Tú con sola una palabra
             para penetrar el mío.   1285

Príncipe   ¿Mas qué mucho si en tu rara
             beldad, ojos de paloma
             en fuego de amor le abrasan?

Sulamitis   ¿Mas qué mucho si contigo
             no es eminente la palma   1290
             que en las cumbres de Sión
             sobre las nubes se exalta?

Príncipe   Lirio cercado de espinas
             eres, a quien hacen guarda
             porque venenosas sierpes   1295
             no entren a morder su planta.

Sulamitis   Tú el haz de mirra que llena

	el orbe con sus fragrancias.	
Príncipe	Toda es perfecta mi esposa;	
	en ella no se halló falta.	1300
Sulamitis	¡Qué no merecida dicha,	
	pues todo es mi amante gala!	
Príncipe	¡Ah del palacio, que sobre	
	siete colunas descansa,	
	en fe de que siete son	1305
	las fundamentales basas	
	en que su fábrica estriba!	
Música (Dentro.)	¿Quién a sus umbrales llama?	
Príncipe	Vuestro príncipe, que vuelve	
	glorioso de la campaña,	1310
	pues vuelve de amor vencido	
	vencedor de su esperanza.	
	Abrid las puertas, levad	
	los puentes, y haciendo salva	
	a la nueva aurora vuestra,	1315
	entonad en su alabanza	
	los cánticos, que nupciales	
	epitalamios se cantan	
	en las reales bodas.	

(Sale el rey.)

Rey	No	
	los apresures, aguarda;	1320
	que aunque viendo a Sulamitis	
	a estos umbrales con tanta	

	gracia...	
Sulamitis	Eso solo conceda	
	que a quien el mérito falta	
	preciso es que sea, señor,	1325
	todo cuanto adquiere gracia.	
Rey	Alza del suelo, que aunque	
	vuelvo a decir del alcázar	
	viéndote a ti a sus umbrales	
	a darte los brazos salga,	1330
	aún no ha llegado la hora	
	de que empiecen las usadas	
	ceremonias con el fausto	
	que conviene.	
Príncipe	¿Pues qué falta?	
Rey	Que vengan los convidados	1335
	con quien has de celebrarlas	
	sentándolos a tu mesa	
	para que gozosos vayan	
	y honrados con tus favores;	
	presto vendrán, que ya tardan.	1340

(Salen la Sabiduría, la Fe, la Caridad y la Misericordia.)

Sabiduría	No tardan, que malas nuevas	
	siempre, señor, se adelantan;	
	pues cuando mezclado el vino,	
	las víctimas inmoladas,	
	ázimo el pan y el cordero	1345
	entre lechugas amargas	
	están, no hay para quién sean.	

	Las virtudes que enviadas fueron al mundo dél vuelven despedidas.	
Rey	¿Pues qué os pasa?	1350
Fe	Que en África el Ateísmo, tenaz en su pertinacia, por acudir de Epicuro solamente a la labranza de sus manjares, no admite de la Fe con que le llamas ni aun las primeras noticias.	1355
Caridad	Con distante circunstancia mas no con distante error que uno niega, otro idolatra, en América responde la Idolatría, ocupada en los sacrílegos cultos de torpes deidades falsas.	1360
Misericordia	En las provincias de Europa, del apóstata infestadas las del Norte, para que vuelva a tu gremio no basta el ser la Misericordia quien le pone en confianza de tu perdón.	1365 1370
Rey	¡Oh rebelde perfidia! ¡Oh ciega ignorancia! ¡Oh torpe error! Bien pudiera de tanto desdén, de tanta	

	grosera acción, como ver	1375
	Sabiduría que hagan	
	desprecio de tu convite,	
	tomar de todos venganza;	
	pero mi poder por más	
	ofendido que se halla	1380
	no luce en lo que castiga	
	tanto como en lo que aguarda.	
	Temple por ahora mi enojo	
	el presumir que del Asia	
	la Esperanza traiga gentes	1385
	que con su número hagan	
	célebre la boda.	
Caridad	No	
	esperes a que las traiga.	
Misericordia	Ni a que ella venga tampoco.	
Rey	¿Por qué?	
Fe	Porque con más saña	1390
	que todos, el Hebraísmo	
	al oír que tu hijo casa	
	con Sulamitis, dudando	
	esta unión, porque él la aguarda	
	según su cómputo en otra	1395
	edad, y dudando que haya	
	pan, vino, maná y cordero	
	en tu mesa, con más rabia,	
	que en su poder quede quiso,	
	de suerte que desdeñadas	1400
	sin la Esperanza volvemos,	
	pues por no creer que pasa	

	la sombra a luz, el hebreo	
	se quedó con la Esperanza.	
Rey	¡Oh generación de dura	1405
	cerviz, perversa y ingrata	
	a los beneficios! Pero	
	no por mirar que me faltan	
	para mi mesa los reyes,	
	los príncipes y monarcas,	1410
	dejaré de celebrar	
	las bodas con gentes varias.	
	Volved las tres y corriendo	
	caminos, calles y plazas,	
	sin excepción de personas,	1415
	por más humildes y bajas	
	que sean los convidad,	
	sin que el ser les obste en nada	
	mendigos, ciegos, tullidos,	
	ni con miserias y llagas	1420
	paralíticos, leprosos	
	y hidrópicos. Vean a causa	
	de mi piedad los magnates	
	del siglo que no hay distancia	
	dellos a los pobres como	1425
	las virtudes me los traigan.	
	Tú, eterna Sabiduría,	
	ten a todos vestes blancas	
	que nupciales ropas sean,	
	porque no haga disonancia	1430
	su desnudez en la mesa	
	sentándose a ella con manchas	
	de actual achaque. Tú,	
	príncipe, a ese umbral aguarda	
	a quitarles el empacho	1435

	que traerán de que les llama	
	su rey para que contigo	
	se sienten; suple sus faltas,	
	que no es bien llegue a tu mesa	
	nadie con desconfianza.	1440
	A su cargo cada uno	
	para que diga la fama	
	a los que se han excusado	
	por malicia o ignorancia,	
	que lo que ellos por soberbios	1445
	pierden, por humildes ganan	
	los pobres de Sulamitis.	
	Y tú, vil nación tirana,	
	tente la Esperanza allá,	
	que aquí no nos hace falta,	1450
	pues quien llega a posesión	
	no ha menester esperanza.	

(Vase.)

Sabiduría   Ven, Sulamitis, conmigo,
               verás que desde hoy mi alcázar
               nuevo hospicio es de tus pobres.   1455

(Vase.)

Sulamitis   Pues tú al umbral los aguardas,
               duélete dellos, señor,
               y vea el hombre en las pesadas
               enfermedades del cuerpo
               las curaciones del alma. Vase   1460

Caridad   Nosotras segunda vez
               con segundas voces altas

	a su mandato obedientes vamos.	
Príncipe	No en vano le llamas mandato, que quizá este es de otro la semejanza.	1465
Fe	Pues para que a mayor honra sea de quien nos lo manda también la invocación sea compuesta de sus palabras.	1470
Las dos	¿De qué manera?	
Fe	Canta. Diciendo: achacosos de la humana naturaleza, venid, venid, veréis en las sanas enfermedades del cuerpo las curaciones del alma. Venid, que con esta dicha no os queda que desear nada, pues quien llega a posesión no ha menester esperanza.	1475

1480 |

(Con esta repetición, cantando ella y respondiendo toda la Música, se van, quedando solo el Príncipe.)

Príncipe	¡Oh amor! ¿A qué no me obligas, pues me obligas a que haga por ti tan grandes finezas como sujetarme a tantas penas como me contrae la naturaleza humana;	1485

	Nazaret por ella al hielo	
	me vio; por ella mi patria	
	peregrinar a la ajena,	
	y por ella las montañas	1490
	fatigado del camino,	
	llena de sudor la cara,	
	con hambre afligirme el monte,	
	con sed rendirme Samaria.	
	Y aun no han de parar aquí,	1495
	pues hasta el fin he de amarla	
	dando la vida por ella,	
	de que la prenda más alta,	
	la más explicada sombra	
	y la figura más clara	1500
	será a venideros siglos	
	ver que en sus supremas aras	
	ponga hoy la Sabiduría	
	a sus pobres mesa franca,	
	siendo del alma y del cuerpo	1505
	alimento las viandas,	
	tan a dos visos que vea,	
	pues llorosa me lo encarga,	
	en los achaques del cuerpo	
	y en los remedios del alma...	1510
Él y música	...que quien llega a posesión	
	no ha menester esperanza.	

(Sale la Fe y el Apetito.)

Fe	Este ciego en el umbral	
	del templo, señor, oyó	
	mi voz y por serlo yo	1515
	me ha enternecido su mal.	

Príncipe	¿Quién eres?	
Apetito	No sé qué tal	
	me tiene el desasosiego	
	de cuanto a apetecer llego,	
	que creo que es mi delito	1520
	en común el apetito.	
Príncipe	Bien se ve, pues eres ciego.	
	El primer pecado fue	
	del hombre y que vea conviene,	
	que viene bien el que viene	1525
	tras las voces de la Fe.	
	Vista al cuerpo te daré	
	con condición de que sea	
	vista del alma y se vea	
	que cuerpo y alma sanó	1530
	quien siguió a la Fe.	
Apetito	Vea yo	
	y como ello fuere sea.	

(Hace que levanta tierra y dale con ella en los ojos.)

Príncipe	Este es tu remedio, llega.	
Apetito	¿Polvo me echas en los ojos?	
	Eso más es dar enojos	1535
	que remedios al que ruega.	
	Si el polvo aun al que ve ciega	
	¿qué hará al que no ve?	
Príncipe	El delito	

| | que tú explicas solícito
               sanar a alma y cuerpo, pues   1540
               el polvo a los ojos es
               la cura del apetito.

(Hace que ve.)

Apetito   No sin gran dolor lo creo
               de mis yerros, pues aquí
               el polvo es de quien nací   1545
               la primer cosa que veo;
               conque el pasado deseo
               de mi apetencia cesó,
               porque al ver que yo soy yo
               y tú eres tú, arrepentido,   1550
               piedad a tus plantas pido.

Príncipe   Pues para ver su ser vio,
               contigo he de enviarle, Fe,
               (ya que enviado declara
               quien dice Siloé) a la clara   1555
               laguna de Siloé,
               vea el mundo en su cura...

Los dos   ¿Qué
               es lo que ha de ver el mundo?

Príncipe   Que en agua y en dolor fundo
               su salud, pues sanar quiero   1560
               con agua el error primero
               y con dolor el segundo.
               En habiéndole lavado
               trayle donde la blancura
               de la nupcial vestidura   1565

              para sentarse a mi lado
              limpio le deje y curado.

(Sale la Caridad y la Pereza en un carretoncillo.)

Caridad   Esta torpe ancianidad
               que perezosa en su edad
               aun hacia el bien no camina,   1570
               oyó junto a una piscina
               la voz de la Caridad
               y así a traértele me atrevo.

Príncipe   ¿Que paralítico está?

Pereza   Si treinta y ocho años ha   1575
               que de un lado no me muevo
               porque a ningún hombre debo
               que de mí compadecido
               me ayude ¿qué mucho ha sido?

Príncipe   Quien de otro espera el favor   1580
               símbolo es del pecador
               en su culpa envejecido.
               Si te hubieras tú ayudado
               en los principios, no hubiera
               esa horrible lepra fiera   1585
               tan grandes fuerzas cobrado.

Pereza   Ya veo que, descuidado,
               mi mal mi pereza fue:
               de un día en otro dilaté
               el que en cura me pondría,   1590
               conque de uno en otro día
               tan impedido me hallé

	que de sanar desespero.	
Príncipe	Pues ¿no es mejor esperar?	
Pereza	¿En qué ya?	
Príncipe	En querer sanar.	1595
Pereza	¿En querer sanar? ¿Si muero de envejecido mal fiero bastará que quiera yo a sanar dél?	
Príncipe	¿Por qué no?	
Pereza	¿Y en qué fundaré ese bien?	1600
Príncipe	En ser mi Caridad quien en la piscina te halló.	
Pereza	Si mi curación es esa, péseme y llore afligido el no haberla conocido.	1605
Príncipe	Pues si llorando te pesa para sentarte a mi mesa toma tu lecho y camina.	
Pereza	¡Oh celestial medicina! No desesperes, mortal; llora y confiesa tu mal y saldrás de la piscina.	1610

(Vanse los dos y sale la Misericordia con la Avaricia y la Lascivia.)

Misericordia	Este hidrópico sediento	
	con este hambriento mendigo	
	tras mi voz traigo conmigo.	1615
Príncipe	Ya en los dos me represento;	
	en el uno al avariento	
	que nunca harta su codicia,	
	en el otro la malicia	
	del lascivo, en que se infiere	1620
	que a uno enferma lo que adquiere	
	y a otro lo que desperdicia.	
	¿Qué queréis?	
Avaricia	Habiendo oído...	
Lascivia	...que a tus bodas convidado...	
Avaricia	...el ciego vista ha cobrado...	1625
Lascivia	...pies y manos el tullido...	
Avaricia	...triste ruego...	
Lascivia	...humilde pido...	
Avaricia	...que en mi grave hidropesía...	
Lascivia	...que en la gran miseria mía...	
Los dos	...te compadezcas.	
Príncipe	Sí haré,	1630
	que si Caridad y Fe	

	fue al uno y al otro guía,	
	no ha de merecer conmigo	
	menos la Misericordia,	
	bien que para la discordia	1635
	que hay entre avaro y mendigo,	
	al uno y al otro digo	
	que hagan lo que ellos hicieron.	
Los dos	¿Pues qué sus méritos fueron?	
Príncipe	El uno ser polvo vio,	1640
	el otro su error lloró.	
Avaricia	Si en llanto y en polvo vieron	
	su salud, en polvo y llanto,	
	la hacienda restituida	
	a quien la debo, mi vida	1645
	será un eterno quebranto.	
Príncipe	Pues porque en ti se vea cuánto	
	la Misericordia indicia	
	que sea gracia la justicia,	
	entra y cura en mi grandeza	1650
	la hinchazón de la riqueza	
	y la sed de la avaricia.	
	¿Tú quién eres?	
Lascivia	Un perdido	
	que a su padre le pidió	
	su patrimonio y salió	1655
	donde libre y divertido	
	habiéndole consumido	
	en delicias y placeres,	
	juegos, galas y mujeres,	

	a pedir le trae su exceso	1660
	limosna.	
Príncipe	Tú, según eso,	
	pródigo, símbolo eres	
	de aquel áspid que en el seno	
	da la muerte a quien le abriga;	
	de aquella esfinge enemiga	1665
	que su enigma es su veneno;	
	de aquel basilisco lleno	
	de blanda pluma traidora,	
	víbora que en flores mora,	
	hiena y sirena que encanta	1670
	con suavidades si canta	
	y con lástimas si llora.	
	¿La Lascivia, en fin?	
Lascivia	Sí soy.	
Príncipe	¿Dónde vas?	
Lascivia	Por no vivir	
	con brutos bruto a pedir	1675
	perdón a mi padre voy	
	y, enmendado desde hoy,	
	de sus piedades colijo	
	que al ver mi estado prolijo	
	recibido sea a salario	1680
	en su casa mercenario	
	pues no merezco ser hijo.	
Príncipe	Porque en eso perseveres	
	antes que allá el cuerpo…	

Lascivia	Di.	
Príncipe	Curarás el alma aquí.	1685
	Padre y señor...	

(Sale el Rey.)

Rey	¿Qué me quieres?	
Príncipe	Pues padre, siendo rey, eres	
	de familias, halle abrigo	
	en tu gracia este mendigo,	
	que va a su padre enmendado;	1690
	vea que con él ha dado	
	puesto que ha dado contigo.	
	Recíbele tú en tu cena.	
Rey	Y con paternales lazos	
	antes que en ella en mis brazos,	1695
	y toda mi casa llena	
	ya de alborozo, sin pena	
	dél, sea fiesta y regocijo.	
Lascivia	Bien Misericordia dijo.	
Rey	Venid todos, ¿qué esperáis?	1700

(Salen las Virtudes.)

Todos	¿Qué nos mandas?
Rey	Que admitáis
	aquel mi perdido hijo,
	que del daño más mortal

	vuelve a mí convalecido.	
	Trocadle el tosco vestido	1705
	en talar veste nupcial	
	y el más bello recental	
	que vio el ampo de la nieve	
	en suave pira leve	
	por él se inmole.	
Príncipe	Eso sí;	1710
	reconozca en él y en mí	
	el hombre lo que te debe,	
	pues aunque de su belleza	
	me movieron las pasiones	
	quieres que con propensiones	1715
	de humana naturaleza	
	a ella admita mi fineza,	
	y siendo yo el hijo fiel	
	y él el ingrato y cruel	
	dispones que sean aquí	1720
	las pasiones para mí	
	y los gozos para él.	
Todos	Todos de nuestra alegría	
	te damos el parabién.	

(Sale la Sabiduría.)

Sabiduría	¿Qué esperas? Príncipe, ven;	1725
	que ya la asistencia mía	
	todo cuanto della fía	
	tu amor tiene prevenido,	
	y tantos pobres han sido	
	los que al convite han llegado	1730
	que cinco mil solo el prado	

	de los henos ha admitido.	
	Dellos, y de otros después,	
	se puebla uno y otro espacio,	
	de suerte que mi palacio	1735
	hospicio de pobres es.	
	Escucha sus ecos, pues	
	te apellida su clamor	
	diciendo, porque el favor	
	les llegue de su agonía:	1740

(Dentro Música y Voces.)

Voces   El pan nuestro de cada día
             dánosle hoy Señor.

Rey   Ve tú a celebrar con ellos
             tus bodas que yo estaré
             a la mira para que   1745
             gozoso me alegre en vellos.

(Vase.)

Príncipe   Mi gloria es favorecellos;
             ven tú conmigo.

Lascivia   Mejor
             que acompañe su fervor
             será la ventura mía.   1750

Sabiduría   Y contigo la alegría
             nuestra diciendo en su loor:

Todos   El pan nuestro de cada día
             dánosle hoy, Señor.

(Vanse y salen como oyendo a lo lejos Hebraísmo, Gentilismo y Apostasía.)

Los tres	«¿El pan nuestro de cada día	1755
	dánosle hoy, Señor?»	
Hebraísmo	Gentilismo, Apostasía...	
Los dos	¿Qué quieres?	
Hebraísmo	Saber deseo	
	qué segundas voces son	
	estas que con sus acentos	1760
	segunda vez nos perturban	
	el aire y el pensamiento.	
Gentilismo	Yo no sé, que aunque dejando	
	por incapaz de consejo	
	al Ateísmo, quedamos	1765
	en que habíamos de vernos	
	los tres para conferir	
	la causa de sus efectos,	
	y aunque tenía que hablaros	
	en no sé qué presupuestos	1770
	de una Caridad que ignoro,	
	no tuve hasta agora tiempo	
	de buscaros, ocupado	
	en mis ritos; conque habiendo	
	nueva razón de dudar	1775
	tampoco agora le tengo	
	para más de que volvió	
	de mí despedida.	
Hebraísmo	Eso	

al contrario a la Esperanza
conmigo sucedió, puesto 1780
que no volvió despedida,
pues en mi poder la tengo,
y así pasando a esta nueva
voz que corre, lo que intento
es saber qué pan es este 1785
que a gritos le llama nuestro
tanta multitud.

Apostasía   A mí
toca esa respuesta, siendo
como soy quien de más cerca
ve el pan y duda el misterio. 1790
Y así asentado el principio
de haber sido a un mismo tiempo
convidados y excusados
cada cual con su pretexto,
voy a que el rey ofendido 1795
de nuestras respuestas, viendo
que sin gentes no era bien
celebrar el casamiento
(si ya no fue de nosotros
vengarse con el desprecio) 1800
mandó que por los caminos,
calles, plazas y desiertos,
se convidasen los más
pobres míseros sujetos,
desde el mendigo al leproso, 1805
desde el hidrópico al ciego
y desde el manco al tullido,
cuyo tumulto corriendo
a sus umbrales en altas
voces repite:

Música y voces	Dentro. El pan nuestro	1810
	de cada día, Señor,	
	dánosle hoy.	
Apostasía	Y pues a tiempo	
	llega el deseo de entrambas	
	en sus clamores envuelto	
	sabed que el ázimo pan	1815
	y mixto vino que ha puesto	
	la Sabiduría, careando	
	la autoridad que en dos textos	
	da la parábola en sombras	
	y en luces el evangelio,	1820
	a los ojos de la Fe	
	que ven más mientras más ciegos,	
	quiere que incluyan tan alto,	
	admirable sacramento	
	como que transubstanciado	1825
	sea carne el pan y luego	
	sangre el vino; maravilla,	
	milagro, asombro o portento	
	que sacramentario yo	
	ni sé, ni alcanzo, ni entiendo.	1830
	Y así puesto en libertad	
	de conciencia huyo su gremio	
	por no obligarme a tener	
	cautivo el entendimiento.	
Hebraísmo	Haces bien; y pues que ya	1835
	el gran prodigio sabemos	
	que en ese pan la Fe intenta	
	darnos a entender ¿qué haremos	
	para alcanzar dél alguna	

	pequeña parte en que haciendo	1840
	una y muchas experiencias	
	veamos qué contiene dentro?	
Idolatría	Yo no sé.	
Apostasía	Ni yo tampoco.	
Hebraísmo	A mí se me ofrece un medio.	
Los dos	¿Qué es?	
Hebraísmo	Que tú como ladrón	1845
	que eres de casa, a quien menos	
	pueden descubrir o el traje	
	o el idioma, hoy entre aquesos	
	despreciables convidados	
	disfrazado y encubierto	1850
	te introduzgas, de manera	
	que parezcas uno dellos,	
	conque podrás de ese pan	
	alcanzar algún pequeño	
	bocado que traer contigo;	1855
	que si en mi poder le veo	
	yo le sabré acrisolar	
	a exámenes tan violentos	
	que descubra sus quilates.	
	¿Qué dices?	
Apostasía	Que no me atrevo;	1860
	porque para ir a la boda...	
Hebraísmo	Di.	

Apostasía	Ropa nupcial no tengo.	
Hebraísmo	¿Por qué ha de tenerla el pobre? Mejor va con sus remiendos cuando va a pedir limosna. Persuádele tú.	1865
Gentilismo	No quiero; que es vil, es traidora acción ir a engañar con pretexto de doble amigo, y así puedes sin mí tratar de eso en que yo ni entro ni salgo, que no ha de decir el tiempo que la Gentilidad tuvo parte en tan aleve intento.	1870
(Vase.)		
Hebraísmo	Pues diga de mí, que yo no solo la parte pero el todo tuve; y así para ver si te convenzo no quiero que me le des mas que me le vendas quiero. ¿Cuánto quieres que te dé (hagamos contrato el ruego) por traerme solo un bocado de ese pan? ¿Qué estás suspenso?	1875 1880
Apostasía	¡Oh interés, y lo que pesa tu balanza!	1885
Hebraísmo	¿Cuánto, vuelvo	

                        a decirte, por él quieres
                        que te dé?

Apostasía   Treinta dineros.

(Dale un bolsillo y tocan las chirimías.)

Hebraísmo   Poco me has pedido, toma;
                        y pues ya desde aquí vemos   1890
                        que en el cenáculo entrando
                        van en acompañamiento
                        de los novios, los mendigos
                        todos vestidos de nuevo
                        y convalecidos ¿qué   1895
                        aguardas? No pierdas tiempo,
                        que ir sin ropa más hará
                        lástima que no desprecio
                        por no haberte a ti vestido.

Apostasía   Dices bien; y ya con eso   1900
                        no temo que en mí reparen;
                        y aunque reparen ¿qué pierdo
                        en que ellos con su reparo
                        se queden si yo me quedo
                        con mi dinero?

(Vase.)

Hebraísmo   Pues yo   1905
                        a acercarme no me atrevo;
                        desde aquí estaré a la mira
                        para observar a lo lejos
                        desta venta y compra el fin;
                        y no en vano, pues que veo   1910

	al príncipe y Sulamitis	
	en mesa traviesa puestos,	
	y a un lado y otro sentados	
	los miserables desechos	
	de las cortes, cada uno	1915
	apadrinado del celo	
	de la virtud que le trujo	
	a este honor. Ya toma entre ellos	
	el apóstata lugar	
	con todos en hacimiento	1920
	de gracias y bendición	
	de mesa, también diciendo:	
Todos y música	Aunque no somos, Señor,	
	por nuestros merecimientos	
	dignos de tantos honores	1925
	perdonadnos por los vuestros	
	ya que en vuestra santa palabra nos vemos	
	sanos, perdonados, salvos y contentos.	

(Las chirimías, y ábrese un carro en que estará una mesa y en su cabecera el Príncipe y Sulamitis, y a una banda y otra las tres Virtudes y los cuatro pobres con ropas de velillo y la Apostasía sin ella.)

Todos y música	Aunque no somos, Señor,	
	por nuestros merecimientos	
	dignos de tantos honores,	1930
	perdonadnos por los vuestros,	
	ya que en vuestra santa palabra nos vemos	
	sanos, perdonados, salvos y contentos.	
Príncipe	Mira, amada Sulamitis,	1935
	en cuánta honra, en cuánto aumento	
	tu pobre familia se halla.	

| | Y pues los llamados fueron
muchos y los escogidos
son pocos, haré con ellos | 1940 |
| | la última fineza, ya
que a mi mesa los asiento. | |

| Sulamitis | ¿Qué mayor, señor, que aquella
que a tu amor divino debo
explicando las del alma | 1945 |
| | en las saludes del cuerpo? | |

| Príncipe | ¡Ay de aquel que a enfermar más
le traen sus atrevimientos! |

| Apostasía | El príncipe me ha mirado,
si no me engaño, con ceño; | 1950 |
| | pero ya una vez aquí
nada dudo, nada temo,
que no es poca granjería
cenar y llevar dinero
solo a costa de decir | 1955 |
| | en el cántico con ellos: | |

| Todos | Ya que en vuestra santa palabra nos vemos
salvos, perdonados, sanos y contentos. |

(Las chirimías, y ábrese otro carro con aparadores y en él el Rey y la Sabiduría.)

| Sabiduría | Desde estos aparadores
que a imitación de los cielos | 1960 |
| | plateados canceles forman
puedes, Señor, encubierto
ver la mesa y los que en ella | |

	sentados están.	
Rey	De verlos	
	con las albas vestiduras	1965
	que habiéndoselas tú puesto	
	significan la interior	
	pureza de sus afectos,	
	tu sabes, Sabiduría,	
	cuánto me gozo y me alegro;	1970
	mas oye, ¿quién es aquel	
	que sin nupcial ornamento	
	mete la mano en el plato?	

(Baja de su carro y tras él la Sabiduría, y sube al otro carro en cuya punta estará el apóstata sentado.)

Sabiduría	¿Dónde vas?	
Rey	Donde pretendo	
	dar castigo a tan aleve	1975
	sacrílego atrevimiento.	
	¿Cómo? ¿Sentarse a esa mesa	
	sin desnudarte primero	
	del hábito de hombre antiguo	
	y vestido el de hombre nuevo?	1980
	Dime, amigo, ¿a qué veniste	
	aquí?	
Apostasía	¡De mirarle tiemblo!	
Rey	¿Y cómo aquí...	
Apostasía	¡Qué pavor!	

Rey	...entraste...	
Apostasía	¡Qué sentimiento!	
Rey	...sin haber...	
Apostasía	¡Qué ansia!	
Rey	...lavado...	1985
Apostasía	¡Qué parasismo!	
Rey	...primero...	
Apostasía	¡Qué angustia!	
Rey	...la blanca estola en la sangre del cordero que cruento sacrificio fue, para ser incruento?	1990
Apostasía	Como, si, no, cuando, yo... Mudo estoy, a hablar no acierto; ¿qué mucho si el corazón se me ha quebrado en el pecho?	
Rey	Levanta de aquí, levanta; que no es bien que tome asiento el réprobo entre elegidos ni entre humildes el soberbio. Llevadle arrojado dél al más pavoroso centro que en exteriores tinieblas humo exhala, escupe fuego.	1995

2000 |

(Cae del trono y da cayendo y levantando en brazos del Hebraísmo.)

Apostasía	¡Ay infelice de mí!	
	¿A dónde irá a parar, cielos,	
	mi precipicio?	
Hebraísmo	A mis brazos.	2005
Apostasía	Fuerza era dar en ellos;	
	que un despeño siempre fue	
	principio de otro despeño.	
	Mal hubiese mi codicia;	
	toma, toma tu dinero,	2010
	que no le quiero por tuyo.	
Hebraísmo	Ni yo tampoco le quiero	
	por haberle tú tocado.	
Apostasía	Pues arrojaréle al templo	
	y iré donde con mi vida	2015
	acabe el áspid que el pecho	
	muerde, el puñal que atraviesa	
	el corazón, el incendio	
	que las entrañas abrasa,	
	y, en fin, el dogal que al cuello,	2024
	pues me está quitando el habla,	
	también me quite el aliento.	
(Vase.)		
Hebraísmo	Empleéréle yo en un campo	
	de sangre que cimenterio	
	sea porque no a los vivos	2025

	inficione su veneno.	
Dos virtudes	¡Qué asombro!	
Dos vicios	¡Qué confusión!	
Virtudes	¡Qué prodigio!	
Vicios	¡Qué portento!	
Príncipe	La ira del rey aunque sea con el traidor pone miedo al leal.	2030
Sabiduría	Bien lo declara el quedar todos suspensos.	
Hebraísmo	Sino yo, que declarado oponerme a todos tengo.	
Rey	¿En fe de qué tu osadía tiene tanto atrevimiento?	2035
Hebraísmo	En fe de aquella Esperanza que sé que conmigo tengo.	

(Sale la Esperanza.)

Esperanza	No tienes, que si contigo me tuviste fue advirtiendo que puedo como esperanza humana fallecer luego que sea posesión; mas como divina virtud no puedo,	2040

	pues lo temporal cumplido	2045
	me queda acción a lo eterno;	
	y así si aquí no hice falta,	
	llegando a su cumplimiento	
	la dicha del hombre, ya	
	es fuerza que a tu despecho	2050
	venga a que goce la dicha	
	con la esperanza del premio	
	sin que tu puedas tenerme.	

Hebraísmo   ¿Por qué tenerte no puedo?

Esperanza   Porque a vista de aquel alto   2055
             inefable sacramento,
             la esperanza del judío
             solo es humo, polvo y viento.

Hebraísmo   ¿Qué sacramento, si allí
             cordero, vino y pan veo   2060
             solamente?

Sabiduría   A mí me toca,
             pues yo en la mesa lo he puesto,
             decirte lo que en sí incluyan
             cordero, vino y pan, siendo
             estas bodas sombra y luz   2065
             de las bodas del cordero
             que en la Apocalipse abrió
             el libro de siete sellos,
             cuando en su celebridad
             sentado el esposo en medio   2070
             de la esposa y los humildes
             que a falta de los soberbios
             vinieron a su mandato

	donde en fiel recogimiento	
	sustentados y vestidos	2075
	vivan a expensas del cielo,	
	les diga:	
Príncipe	Para que nunca	
	os falten los alimentos	
	que como a hijos debo daros,	
	en mi último testamento,	2080
	ese cordero legal	
	que asado mandé poneros,	
	no guisado ni cocido,	
	porque sin quebrarle hueso	
	pueda extendidos los brazos	2085
	parecer que está en cruz puesto,	
	mi imagen es; este pan	
	que en mis manos tomo haciendo	
	gracias a mi padre es	
	mi carne, mi sangre luego	2090
	este vino; conque nunca	
	os podrá faltar sustento	
	teniéndome siempre en ese	
	cáliz y hostia en alma y cuerpo	
	con real asistencia vivo.	2095

(Vuelve el cordero y vese el cáliz y hostia.)

Hebraísmo	¿Quién asegura todo eso?
Fe	La Fe que ciega lo mira.
Caridad	La Caridad, advirtiendo
	que el pan es la Caridad.

Misericordia	La Misericordia, puesto que ella afianza las limosnas.	2100
Esperanza	La Esperanza, que los premios promete a quien las ayude.	
Sulamitis	La esposa, que halló el aumento de gracia para sus pobres.	2105
Los cuatro	Sus pobres, que a los pies puestos de poder, ciencia y amor, lo adoramos y creemos.	
Hebraísmo	Todo eso no lo asegura a los siglos venideros. Obra tan grande fundada en tan débiles cimientos como unos mendigos mal convalecidos enfermos ¿qué duración se promete? ¿Habrá fortaleza en ellos que a una nueva institución, nuevo albergue, hospicio nuevo el peso sustente?	2110 2115

(La Fortaleza en otro carro.)

Fortaleza	Sí; que es suave yugo su peso.	2120
Hebraísmo	¿Quién eso dice?	
Fortaleza	La misma Fortaleza, pues es cierto	

	que quien Fortaleza dijo	
	dijo Gabriel; conque siendo	
	Gabriel el custodio y guarda	2125
	de este paraíso bello	
	cuyas plantas atributos	
	son del ave de los cielos	
	¿quién duda que el nuevo hospicio	
	deste paraíso nuevo	2130
	y más si al Ave le añade	
	María como diciendo	
	que aquí todo es Gracia pues	
	María y Gracia son lo mesmo,	
	trayendo el Ave María	2135
	no solo en el alma impreso	
	por blasón, pero en grabadas	
	láminas de bronce al pecho,	
	tenga con su patrocinio	
	Fortaleza contra el tiempo	2140
	y en su nombre por los siglos	
	de los siglos viva eterno?	
Todos	¿Qué te queda, si esto escuchas,	
	que dudar, rebelde pueblo?	
Hebraísmo	Todo; y así aunque a vivir	2145
	sin domicilio, sin templo,	
	sin sinagoga, sin ara,	
	prófugo quede, primero	
	que lo vea y que lo adore	
	iré de su vista huyendo.	2150

(Vase y sale el Gentilismo.)

| Gentilismo | Por eso vendré a su vista | |

	yo, que escuchando a lo lejos	
	tan inmensas maravillas	
	humilde a adorarlas vengo.	
Rey	Tú, Gentilidad, serás	2155
	de su lugar heredero.	
Todos	Y todos, en fe de que es	
	día de perdonar yerros,	
	en hacimiento de gracias	
	una y mil veces diremos:	2160
Música y todos	Aunque no somos, Señor,	
	por nuestros merecimientos	
	dignos de tantos honores	
	perdonadnos por los vuestros	
	ya que en vuestra santa palabra nos vemos	2165
	sanos, perdonados, salvos y contentos.	

Si quid dictum contra Fidem, aut bonos mores, quasi non dictum, & omnia sub correctionem.

Fin

Libros a la carta
A la carta es un servicio especializado para
empresas,
librerías,
bibliotecas,
editoriales
y centros de enseñanza;
y permite confeccionar libros que, por su formato y concepción, sirven a los propósitos más específicos de estas instituciones.
Las empresas nos encargan ediciones personalizadas para marketing editorial o para regalos institucionales. Y los interesados solicitan, a título personal, ediciones antiguas, o no disponibles en el mercado; y las acompañan con notas y comentarios críticos.
Las ediciones tienen como apoyo un libro de estilo con todo tipo de referencias sobre los criterios de tratamiento tipográfico aplicados a nuestros libros que puede ser consultado en Linkgua-ediciones.com.
Linkgua edita por encargo diferentes versiones de una misma obra con distintos tratamientos ortotipográficos (actualizaciones de carácter divulgativo de un clásico, o versiones estrictamente fieles a la edición original de referencia).
Este servicio de ediciones a la carta le permitirá, si usted se dedica a la enseñanza, tener una forma de hacer pública su interpretación de un texto y, sobre una versión digitalizada «base», usted podrá introducir interpretaciones del texto fuente. Es un tópico que los profesores denuncien en clase los desmanes de una edición, o vayan comentando errores de interpretación de un texto y esta es una solución útil a esa necesidad del mundo académico.
Asimismo publicamos de manera sistemática, en un mismo catálogo, tesis doctorales y actas de congresos académicos, que son distribuidas a través de nuestra Web.
El servicio de «libros a la carta» funciona de dos formas.
1. Tenemos un fondo de libros digitalizados que usted puede personalizar en tiradas de al menos cinco ejemplares. Estas personalizaciones pueden ser de todo tipo: añadir notas de clase para uso de un grupo de estudiantes,

introducir logos corporativos para uso con fines de marketing empresarial, etc. etc.
2. Buscamos libros descatalogados de otras editoriales y los reeditamos en tiradas cortas a petición de un cliente.

www.ingramcontent.com/pod-product-compliance
Lightning Source LLC
Chambersburg PA
CBHW051348040426
42453CB00007B/470